escola - sakola	2
viagem - lalampahan	5
transporte - transportasi	8
cidade - kota	10
paisagem - pamandangan	14
restaurante - restoran	17
supermercado - supermarkét	20
bebidas - inuman	22
comida - dahareun	23
fazenda - pertanian	27
casa - imah	31
sala de estar - rohang tamu	33
cozinha - dapur	35
banheiro - kamar ibak	38
quarto de criança - kamar budak	42
vestuário - acuk	44
escritório - kantor	49
economia - ékonomi	51
profissões - pagawéan	53
ferramentas - alat	56
instrumentos musicais - alat musik	57
zoológico - kebon binatang	59
esportes - olahraga	62
atividades - aktivitas	63
família - kulawarga	67
corpo - awak	68
hospital - rumah sakit	72
emergência - darurat	76
Terra - Bumi	77
relógio - jam	79
semana - minggu	80
ano - taun	81
formas - bentuk	83
cores - warna-warna	84
opostos - sabalikna	85
números - angka-angka	88
idiomas - basa-basa	90
quem / o quê / como - saha / naon / kumaha	91
onde - di mana	92

Impressum
Verlag: BABADADA GmbH, Nedderfeld 112 , 22529 Hamburg
Geschäftsführer / Verlagsleitung: Harald Hof
Druck: Books on Demand GmbH, In de Tarpen 42, 22848 Norderstedt

Imprint
Publisher: BABADADA GmbH, Nedderfeld 112 , 22529 Hamburg, Germany
Managing Director / Publishing direction: Harald Hof
Print: Books on Demand GmbH, In de Tarpen 42, 22848 Norderstedt

escola
sakola

- dividir / bagi
- quadro / papan
- sala de aulas / rohang kelas
- pátio da escola / pakarangan sakola
- professor / guru
- papel / kertas
- escrever / nyerat / nulis
- caneta / kalam
- escrivaninha / méja gawé
- régua / jidar
- livro / buku
- aluno / murit

sacola
tas sakola

estojo de lápis
wadah potlot

lápis
potlot

apontador de lápis
rautan potlot

borracha
pamupus

bloco de desenho
kertas gambar

desenho
gambar

pincel
kuas cét

estojo de tintas
kotak cét

tesoura
gunting

cola
lém

livro de exercícios
buku latihan

lição de casa
péér

número
angka

somar
nambahkeun

subtrair
kurang

multiplicar
kali

calcular
ngitung

letra
surat

alfabeto
alpabét

palavra
kecap

escola - sakola

texto
téks

ler
maca

giz
kapur

hora
palajaran

registro da classe
daptar

exame
ujian

certificado
sértipikat

uniforme escolar
saragam sakola

educação
atikan

enciclopédia
énsiklopédi

universidade
univérsitas

microscópio
mikroskop

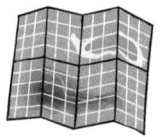
mapa
peta

cesto de lixo
wadah runtah

escola - sakola

viagem
lalampahan

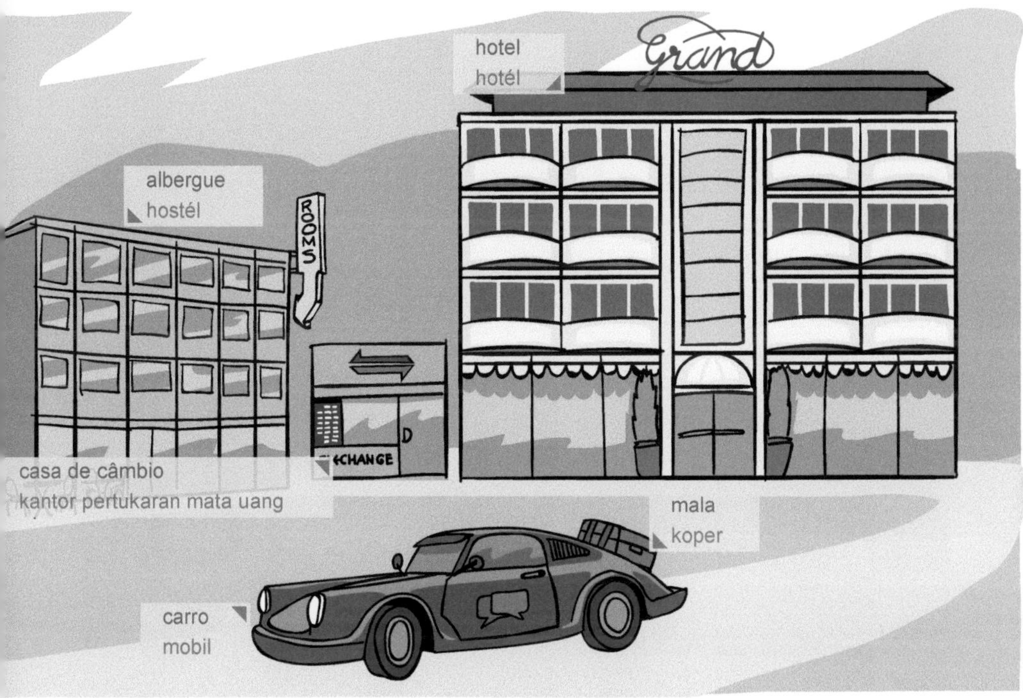

hotel
hotél
Grand
albergue
hostél
ROOMS
casa de câmbio
kantor pertukaran mata uang
mala
koper
carro
mobil

idioma

basa

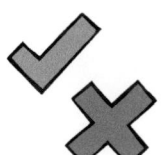

sim / não

muhun / henteu

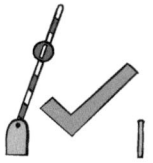

ok

oké

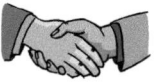

Olá

hei

tradutor

panarjamah

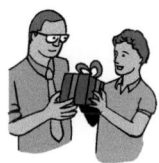

obrigado

hatur nuhun

quanto custa...?
sabaraha hargana...?

eu não entendo
abdi teu ngartos

problema
masalah

boa noite!
Wilujeng wengi!

Bom dia!
Wilujeng siang!

Boa noite!
Wilujeng wengi!

até logo
mugi patepang deui

direção
arah

bagagem
bagasi

bolsa
kantong

mochila
ransel

convidado
tamu

quarto
rohang

saco de dormir
kantong saré

barraca
tenda

viagem - lalampahan

informação turística
informasi wisata

praia
pantai

cartão de crédito
kartu krédit

café da manhã
sarapan

almoço
dahar beurang

jantar
dahar peuting

bilhete
tikét

elevador
lift

selo
perangko

fronteira
wates

alfândega
cukai

embaixada
kedutaan

visto
visa

passaporte
paspor

viagem - lalampahan

transporte
transportasi

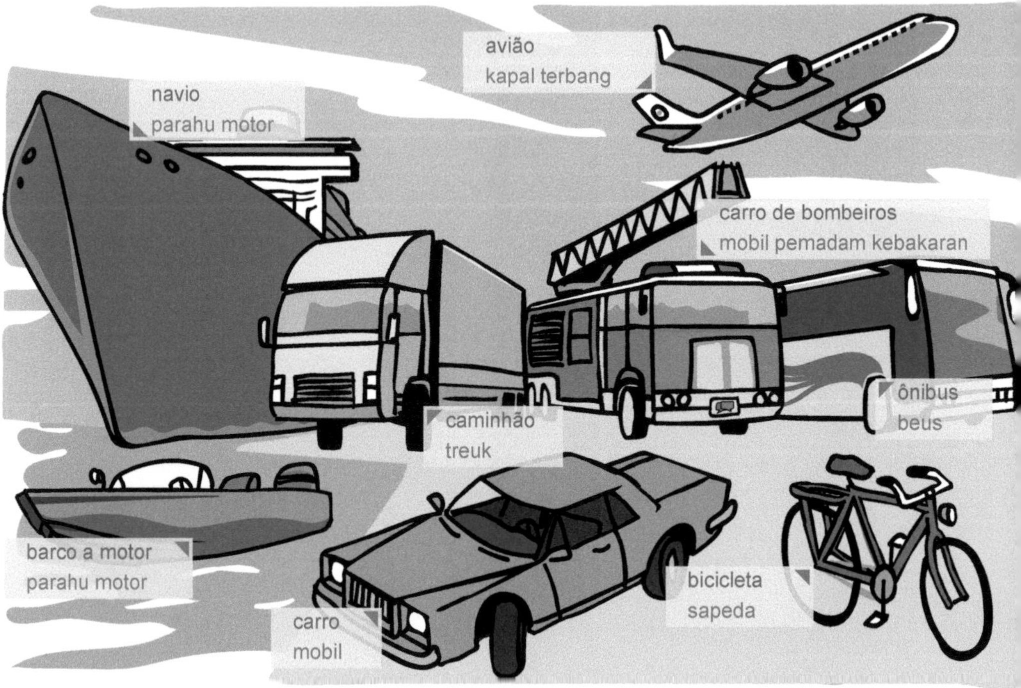

avião
kapal terbang

navio
parahu motor

carro de bombeiros
mobil pemadam kebakaran

ônibus
beus

caminhão
treuk

barco a motor
parahu motor

bicicleta
sapeda

carro
mobil

balsa
kapal féri

barco
parahu

motocicleta
sapeda motor

veículo policial
mobil pulisi

carro de corrida
mobil balap

carro de aluguel
mobil nyéwa

compartilhamento de automóvel	caminhão de reboque	caminhão de lixo
mobil babarengan	treuk dérék	treuk runtah

motor	combustível	posto de gasolina
motor	bahan bakar	bénsin

 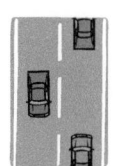 

placa de trânsito	trânsito	trânsito lento
tanda lalulintas	lalulintas	macét

estacionamento	estação de trem	trilhos
parkir mobil	stasiun karéta	trék

 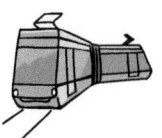 

trem	bonde	vagão
karéta api	tram	garobag

helicóptero
hélikopter

aeroporto
bandara

torre
munara

passageiro
panumpang

contêiner
konténer

cartolina
karton

carroça
troli

cesto
karanjang

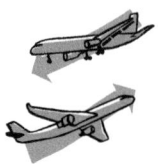
decolar / pousar
terbang / landas

cidade
kota

vilarejo
kampung

centro da cidade
tengah kota

casa
imah

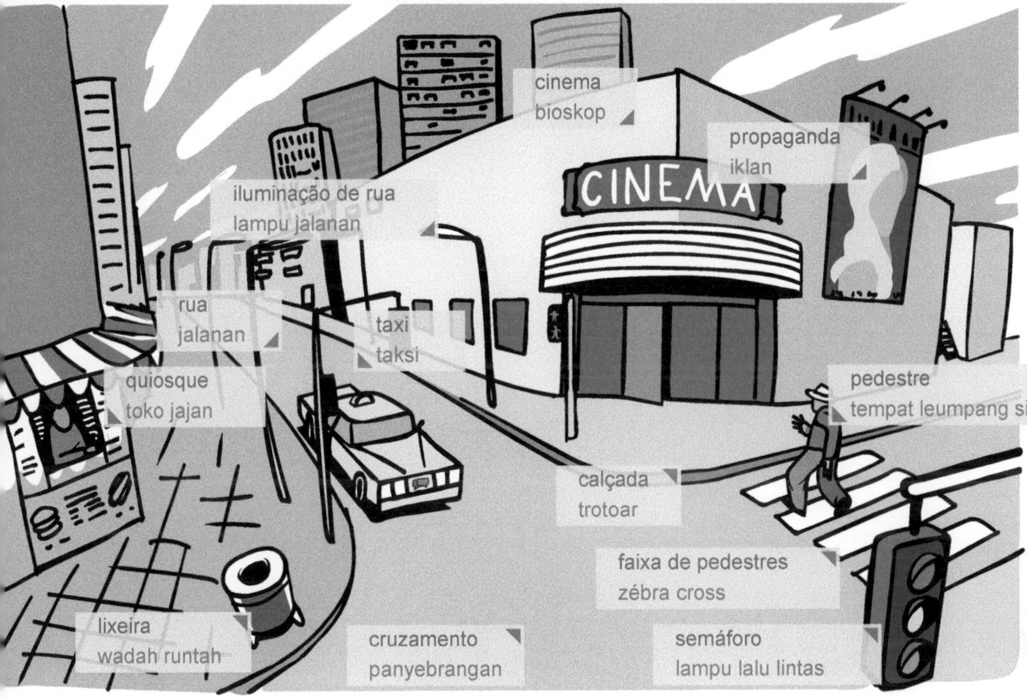

cinema
bioskop

propaganda
iklan

iluminação de rua
lampu jalanan

rua
jalanan

taxi
taksi

quiosque
toko jajan

pedestre
tempat leumpang sis

calçada
trotoar

faixa de pedestres
zébra cross

lixeira
wadah runtah

cruzamento
panyebrangan

semáforo
lampu lalu lintas

cabana
gubuk

apartamento
imah flat

estação de trem
stasiun karéta

prefeitura
balai kota

museu
museum

escola
sakola

cidade - kota

universidade
univérsitas

banco
bank

hospital
rumah sakit

hotel
hotél

farmácia
farmasi

escritório
kantor

livraria
toko buku

loja
toko

floricultura
toko kembang

supermercado
supermarkét

mercado
pasar

loja de departamentos
swalayan

peixaria
nalayan

centro comercial
pusat balanja

porto
palabuan

cidade - kota

parque
kebon

banco
korsi

ponte
sasak

escadas
tangga

metrô
kareta bawah tanah

túnel
torowongan

ponto de ônibus
halte beus

bar
bar

restaurante
restoran

caixa de correspondência
kotak surat

placa de rua
tanda jalan

parquímetro
meteran parkir

zoológico
kebon binatang

piscina
kolam renang

mesquita
masigit

cidade - kota

fazenda
pertanian

poluição
polusi

cemitério
kuburan

igreja
gareja

parquinho
tempat ulin

templo
pura

paisagem
pamandangan

- folha / daun
- placa de sinalização / panunjuk arah
- caminho / jalanan
- gramado / ladang jukut
- pedra / batu
- árvore / tangkal
- caminhantes / tukang leumpang
- rio / susukan
- grama / jukut
- flor / kembang

vale
lengkob

montanha
bukit

lago
tasik

floresta
leuweung

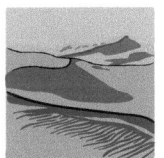

deserto
gurun

vulcão
gunung marapi

castelo
karaton

arco-íris
katumbiri

cogumelo
suung

palmeira
tangkal palem

mosquito
reungit

mosca
laleur

formiga
sireum

abelha
nyiruan

aranha
lamat lancah

paisagem - pamandangan

besouro

nyiruan

sapo

bangkong

esquilo

bajing

ouriço

landak

lebre

kalinci

coruja

bueuk

pássaro

manuk

cisne

soang

javali

bagong

veado

kijang

alce

kijang

barragem

bendungan

aerogerador

turbin angin

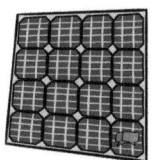

painel solar

panél surya

clima

iklim

paisagem - pamandangan

restaurante
restoran

- garçom / badega
- menu / menu
- cadeira / korsi
- sopa / sop
- pizza / pitsa
- toalha de mesa / taplak
- talheres / parkakas dahar

entrada
hidangan pembuka

prato principal
hidapan utama

sobremesa
hidangan penutup

bebidas
inuman

comida
dahareun

garrafa
botol

fastfood
dahareun cepat saji

comida de rua
jajanan sisi jalan

bule de chá
téko téh

açucareiro
wadah gula

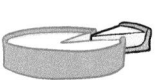

porção
porsi

máquina de expresso
mesin éspréso

cadeirão
korsi jangkung

conta
tagihan

bandeja
baki

faca
péso

garfo
garpu

colher
séndok

colher de chá
séndok téh

guardanapo
serbét

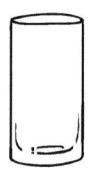

copo
gelas

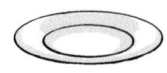

prato	prato de sopa	pires
piring	mangkok sop	pisin

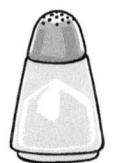

molho	saleiro	moedor de pimenta
saos	wadah uyah	panggiling pedes

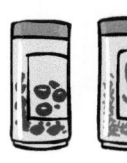

vinagre	óleo	especiarias
cuka	minyak	bumbu

ketchup	mostarda	maionese
saos tomat	mustard	mayonés

supermercado
supermarkét

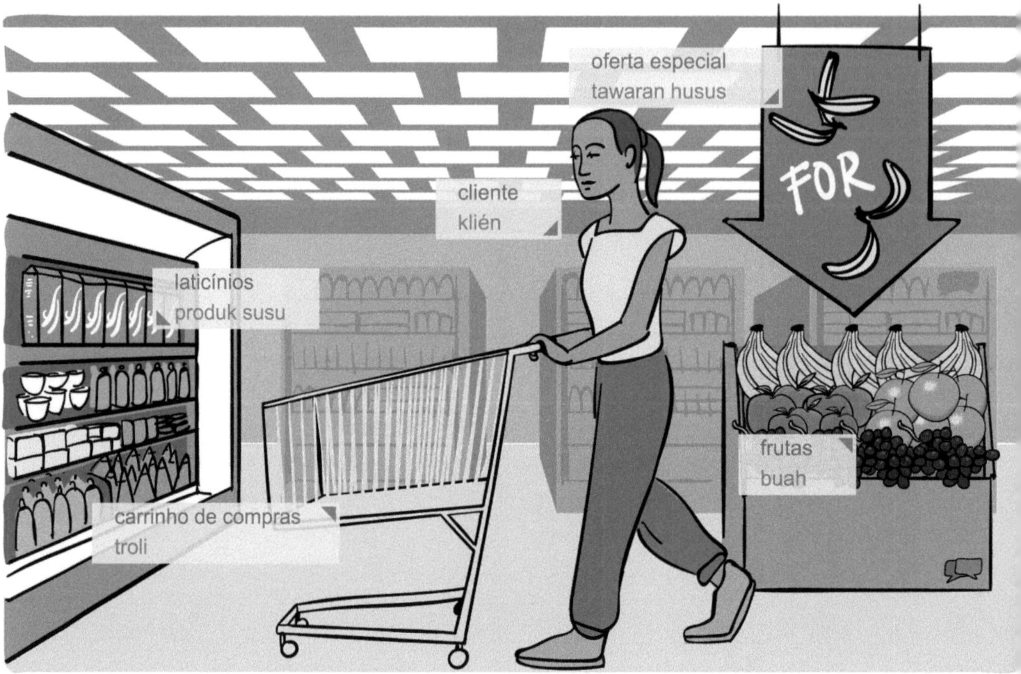

oferta especial
tawaran husus
FOR
cliente
klién
laticínios
produk susu
frutas
buah
carrinho de compras
troli

BUTCHERS

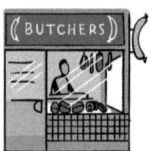

açougue

tukang meuncit

BAKERY

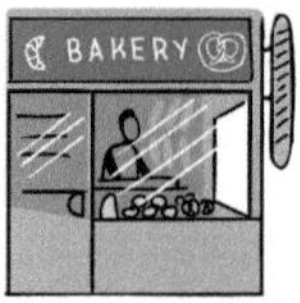

padaria

toko roti

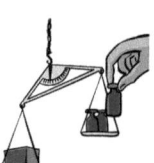

pesar

nimbang

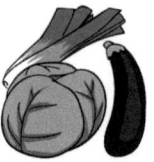

legumes

sayur

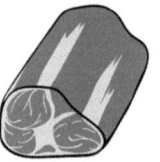

carne

daging

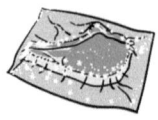

congelados

tuangeun beku

charcutaria
alat potong daging

conservas
dahareun kaléng

detergente em pó
sabun serbuk

doces
permén

artigos domésticos
perkakas rumah tangga

produtos de limpeza
produk pembersih

vendedora
tukang jualan

caixa
kasa

caixa
kasir

lista de compras
daftar balanja

horário de funcionamento
jam buka

carteira
dompét

cartão de crédito
kartu krédit

sacola
kantong

saco plástico
kantong palastik

supermercado - supermarkét

bebidas
inuman

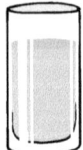

água

cai

suco

jus

leite

susu

coca-cola

kola

vinho

anggur

cerveja

arak

álcool

arak

cacau

coklat

chá

téh

café

kopi

expresso

éspréso

cappuccino

kapucino

comida
dahareun

banana
pisang

maçã
apel

laranja
jeruk

melão
samangka

limão
lémon

cenoura
wortel

alho
bawang bodas

bambu
awi

cebola
bawang bombai

cogumelo
suung

nozes
suuk

macarrão
emih

espaguete	arroz	salada
spagéti	sangu	salat

batatas fritas	batatas frias	pizza
kentang goréng	kentang goréng	pitsa

hambúrger	sanduíche	escalope
hamburger	roti lapis	sakeureut daging

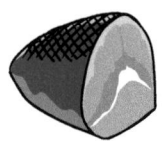  

presunto	salame	salsicha
ham	salami	sosis

galinha	assado	peixe
hayam	ngagoreng	lauk

comida - dahareun

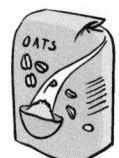
flocos de aveia
bubur gandum

granola
séréal

flocos de milho
cornflakes

farinha
tarigu

croissant
croissant

pãozinho
roti

pão
roti

torrada
roti panggang

biscoitos
biskuit

manteiga
mantéga

requeijão
dadih

bolo
kuéh

ovo
endog

ovo frito
goréng endog

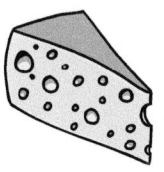
queijo
keju

comida - dahareun 25

sorvete
eskrim

açúcar
gula

mel
madu

geleia
selé

creme de avelãs
krim coklat

curry
karé

fazenda
pertanian

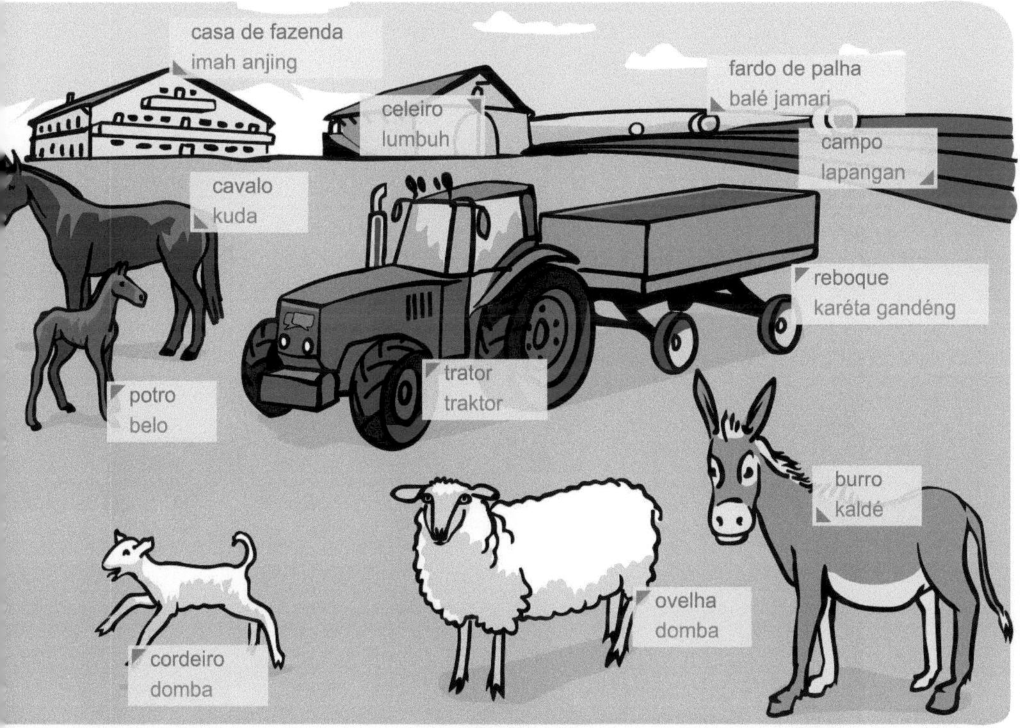

casa de fazenda / imah anjing
celeiro / lumbuh
fardo de palha / balé jamari
campo / lapangan
cavalo / kuda
reboque / karéta gandéng
potro belo
trator / traktor
burro / kaldé
cordeiro / domba
ovelha / domba

cabra
embé

vaca
sapi

bezerro
bitis

porco
bagong

leitão
babi

touro
banténg

ganso
soang

pato
éntog

pintinho
pitik

galinha
hayam

galo
hayam jago

ratazana
beurit

gato
ucing

camundongo
beurit

boi
sapi

cachorro
anjing

casinha do cachorro
imah anjing

mangueira de jardim
selang

regador
kaléng nyiram

foice
arit panjang

arado
ngabajak

fazenda - pertanian

foice
arit

enxada
pacul

forquilha
garpuh jukut

machado
kapak

carrinho de mão
gorobah

manjedoura
palung

jarra de leite
kaléng susu

saco
karung

cerca
pager

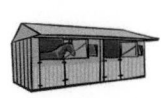

estábulo
kandang

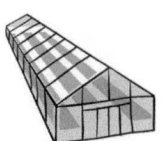

estufa
imah kaca

solo
taneuh

semente
benih

fertilizante
pupuk

colheitadeira
mesin permén

fazenda - pertanian

colher
panén

colheita
panén

inhame
yams

trigo
gandum

soja
kedelé

batata
kentang

milho
jagong

colza
lobak

árvore frutífera
tangkal buah

mandioca
sampeu

cereais
séréal

fazenda - pertanian

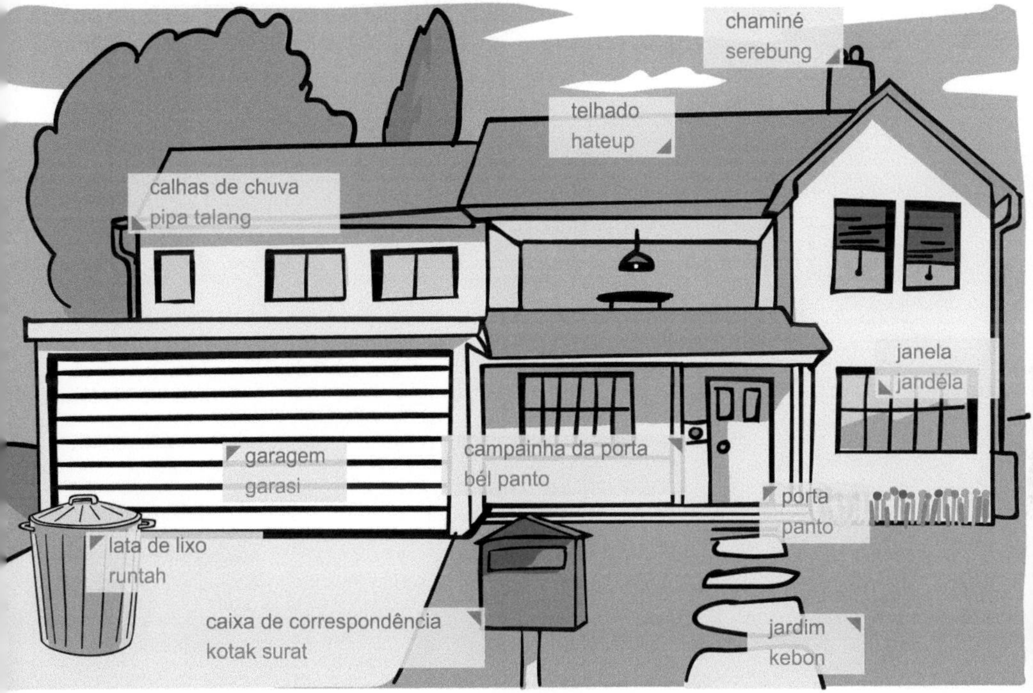

casa
imah

chaminé
serebung

telhado
hateup

calhas de chuva
pipa talang

janela
jandéla

garagem
garasi

campainha da porta
bél panto

porta
panto

lata de lixo
runtah

caixa de correspondência
kotak surat

jardim
kebon

sala de estar

rohang tamu

banheiro

kamar ibak

cozinha

dapur

quarto de dormir

pangkéng

quarto de criança

kamar budak

sala de jantar

kamar makan

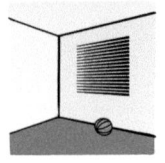

chão
téhel

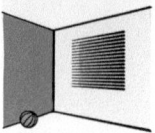

parede
tembok

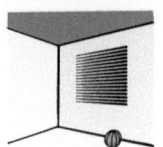

teto
hateup

porão
gudang di handap imah

sauna
sauna

varanda
balkon

terraço
tepas

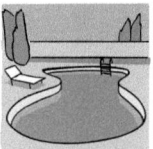

piscina
kolam renang

cortador de grama
mesin pamotong jukut

lençol
sepré

coberta
simbut

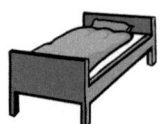

cama
ranjang

vassoura
sapu

balde
émbér

interruptor
tombol

casa - imah

sala de estar
rohang tamu

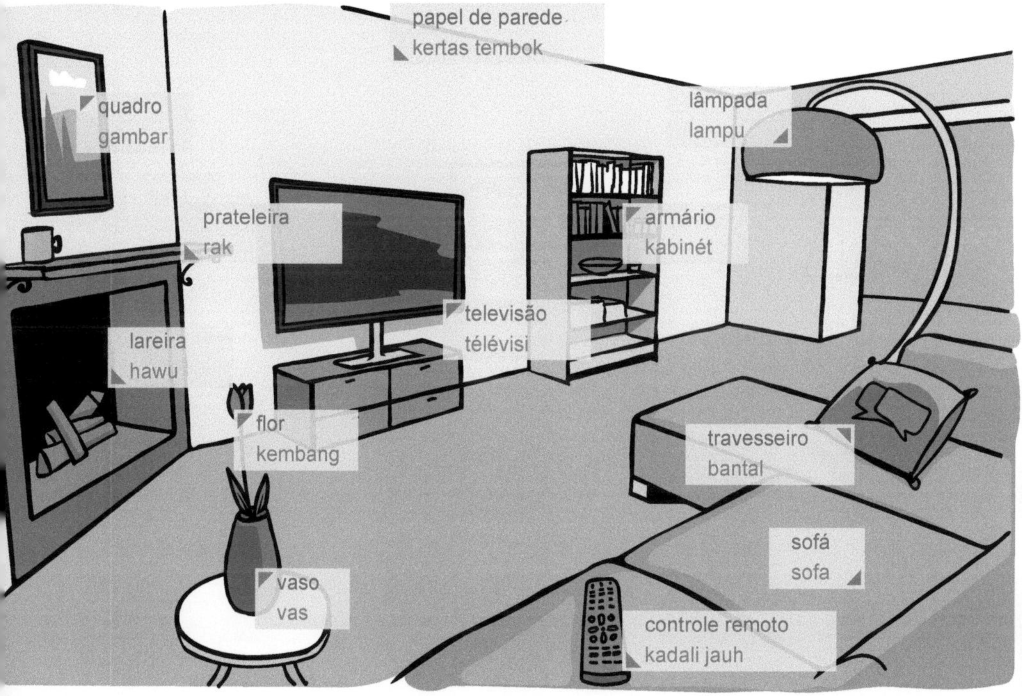

- papel de parede / kertas tembok
- quadro / gambar
- lâmpada / lampu
- prateleira / rak
- armário / kabinét
- lareira / hawu
- televisão / télévisi
- flor / kembang
- travesseiro / bantal
- sofá / sofa
- vaso / vas
- controle remoto / kadali jauh

tapete
karpét

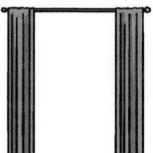

cortina
hordéng

mesa
meja

cadeira
korsi

cadeira de balanço
korsi goyang

poltrona
korsi malas

livro
buku

cobertor
simbut

decoração
dékorasi

lenha
suluh

filme
pilem

equipamento de som
hi-fi

chave
konci

jornal
surat kabar

pintura
lukisan

pôster
poster

rádio
radio

bloco de notas
buku tulis

aspirador
panyedot kebul

cacto
kaktus

vela
lilin

sala de estar - rohang tamu

cozinha
dapur

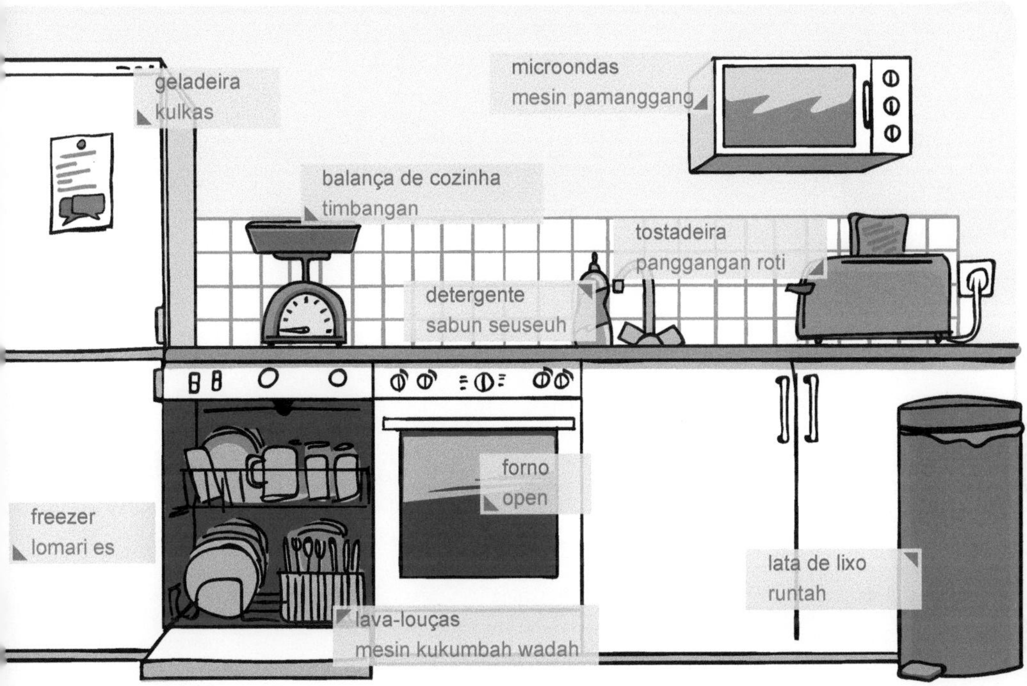

- geladeira / kulkas
- microondas / mesin pamanggang
- balança de cozinha / timbangan
- tostadeira / panggangan roti
- detergente / sabun seuseuh
- forno / open
- freezer / lomari es
- lata de lixo / runtah
- lava-louças / mesin kukumbah wadah

fogão
kompor

panela
panci

panela de ferro
panci beusi

wok / kadai
katél

frigideira
panci

chaleira
citél

cozinha - dapur

panela a vapor

langseng

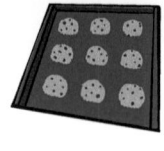

tabuleiro de forno

baki

louça

piring

caneca

cangkir

caçarola

mangkok

hashi

sumpit

concha de sopa

sendok sop

espátula

sérok

batedor

pangocok

escorredor

ayakan

peneira

saringan

ralador

parutan

almofariz

mortar

churrasqueira

daging bakar

lareira

suluh

cozinha - dapur

tábua de cortar
papan pamotong

rolo da massa
gilingan

saca-rolhas
alat pambuka tutup botol

lata
kaléng

abridor de latas
pambuka kaléng

pegador de panela
gagang panci

pia
tilelep

escova
sikat

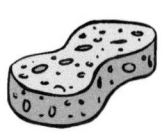

esponja
busa

liquidificador
blénder

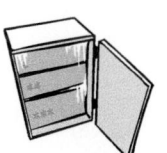

congelador
lomari es

mamadeira
botol orok

torneira
keran

cozinha - dapur

banheiro
kamar ibak

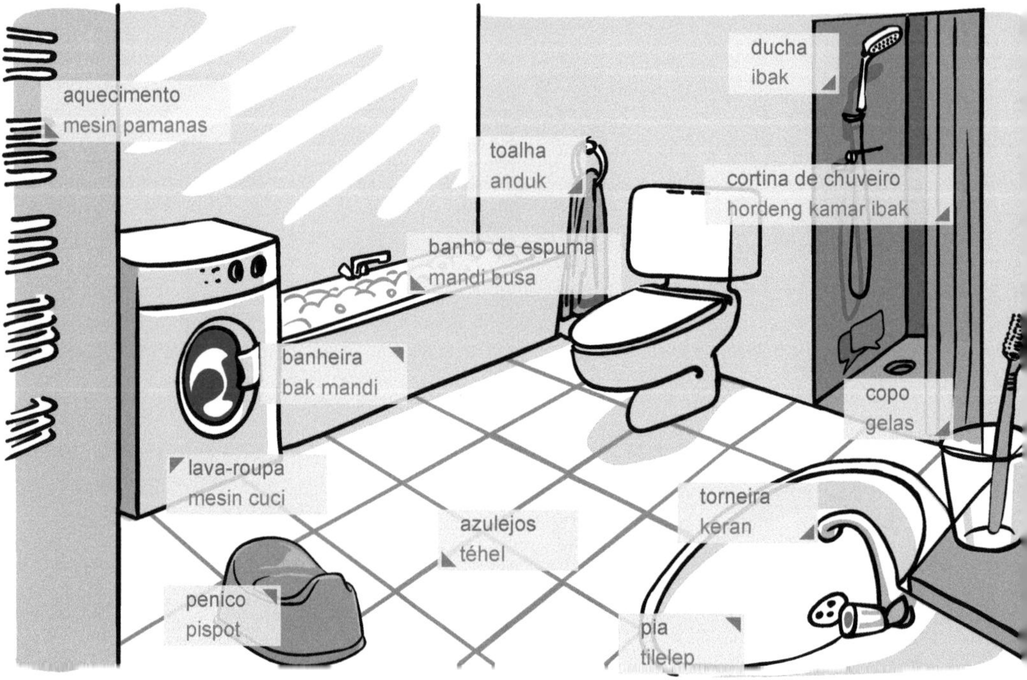

- aquecimento / mesin pamanas
- ducha / ibak
- toalha / anduk
- cortina de chuveiro / hordeng kamar ibak
- banho de espuma / mandi busa
- banheira / bak mandi
- copo / gelas
- lava-roupa / mesin cuci
- torneira / keran
- azulejos / téhel
- penico / pispot
- pia / tilelep

vaso sanitário
jamban

lavabo de agachar
cubluk

bidê
bidét

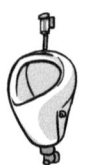

mictório
urinal

papel higiênico
kertas jamban

escova de privada
sikat jamban

		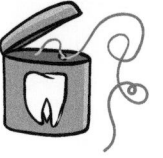
escova de dentes	pasta de dentes	fio dental
sikat huntu	odol	benang gigi
	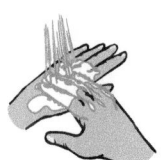	
lavar	ducha de mão	ducha íntima
nyeuseuh	kokocoran leungeun	kukucuran

bacia	escova para as costas	sabonete
bak	panyikat tonggong	sabun

gel de banho	xampu	toalha de rosto
gel ibak	sampo	planél

escoamento	creme	desodorante
nguras	krim	déodoran

espelho

eunteung

espelho de mão

eunteung leungeun

barbeador

péso cukur

espuma de barbear

busa cukur

loção pós-barba

krim cukur

pente

sisir

escova

sikat

secador de cabelo

alat panggaring rambut

spray de cabelo

semprotan rambut

maquiagem

pangrias beungeut

batom

lipstik

esmalte de unhas

cét kuku

algodão

kapas

tesoura para unhas

gunting kuku

perfume

minyak seungit

banheiro - kamar ibak

nécessaire
kantong seuseuh

banquinho
bangku

balança
timbangan

roupão de banho
baju mandi

luvas de borracha
sarung tangan karét

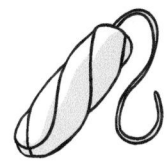
absorvente interno
sampon

absorvente íntimo
handuk pembalut

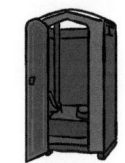
banheiro químico
jamban kimia

quarto de criança
kamar budak

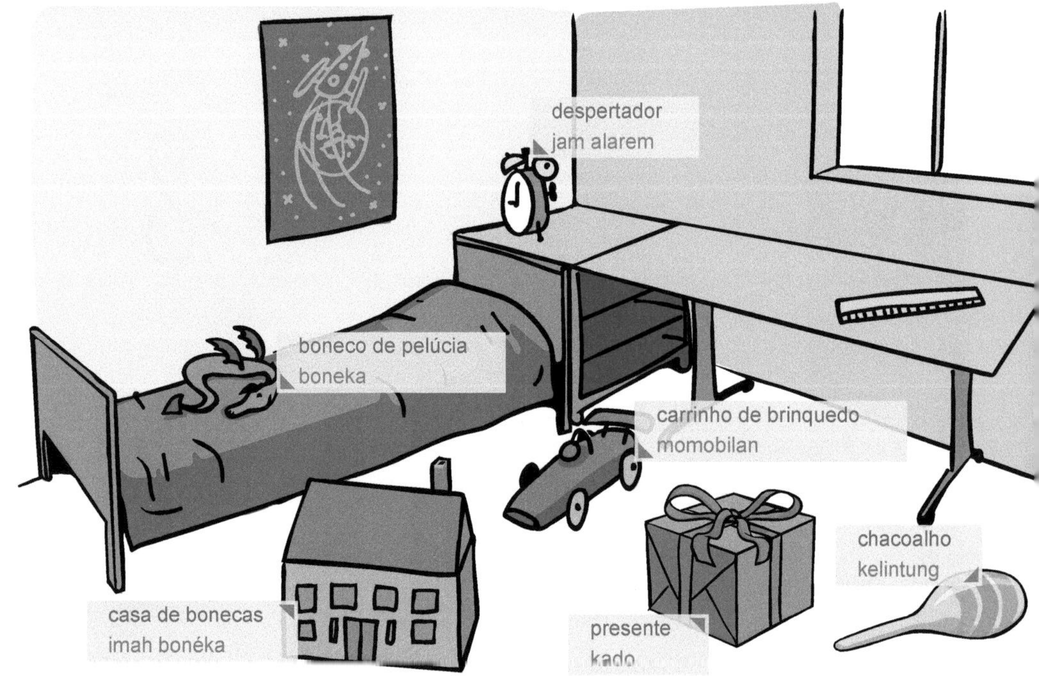

despertador
jam alarem

boneco de pelúcia
boneka

carrinho de brinquedo
momobilan

chacoalho
kelintung

casa de bonecas
imah bonéka

presente
kado

balão
balon

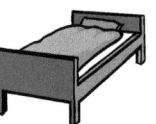

cama
ranjang

carrinho de bebê
karéta orok

jogo de cartas
kartu

quebra-cabeças
tatarucingan

revista de quadrinhos
komik

peças de Lego
kaulinan lego

blocos de construção
kaulinan bentuk blok

figura de ação
figur tokoh

macaquinho de bebê
baju budak

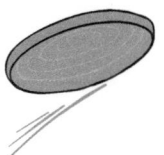
frisbee
frisbee

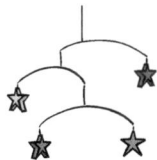
móbile para bebê
mobile

jogo de tabuleiro
papan gim

dados
dadu

trenzinho elétrico
set model kareta api

chupeta
endot

festa
pihak

livro ilustrado
buku gambar

bola
bal

boneca
bonéka

brincar
ulin

caixa de areia
wadah pasir maénan

balanço
ayunan

brinquedos
kaulinan

videogame
video gim konsol

triciclo
sapedah roda tilu

ursinho de pelúcia
bonéka beruang

guarda-roupa
lomari baju

vestuário
acuk

meias
kaos kaki

meias pelo joelho
kaos kaki

meias-calças
baju ketat

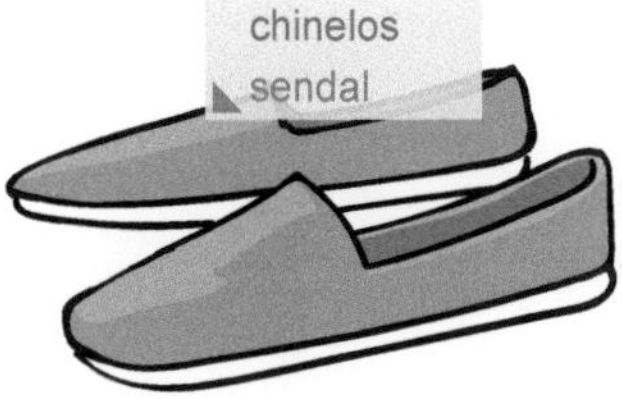

cachecol
syal

guarda-chuva
payung

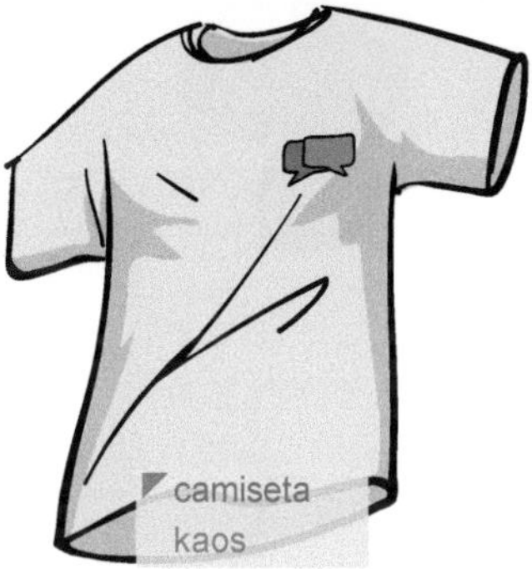

camiseta
kaos

cinto
beubeur

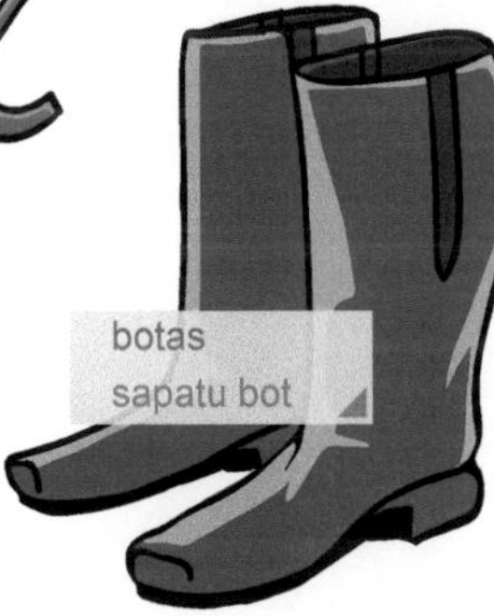

botas
sapatu bot

chinelos
sendal

tênis
sapatu

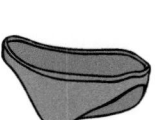

sandálias
sendal

sapatos
sapatu

botas de borracha
sapatu bot karét

roupa de baixo
cangcut

sutiã
kutang

camiseta de baixo
baju rompi

vestuário - acuk

body
awak

calças
calana

jeans
jins

saia
rok

blusa
blus

camisa
kaméja

pulôver
jakét tiung

suéter com capuz
baju haneut

blazer
jakét

jaqueta
jakét

casaco
jakét

gabardine
jas hujan

traje
kostum

vestido
gaun

vestido de casamento
gaun pangantén

terno
baju resmi

camisola
baju saré

pijama
piyama

sari
sari

lenço de cabeça
tiung

turbante
turban

burca
burka

cafetã
kaftan

abaya
abaya

maiô
baju renang

sunga
calana renang

shorts
calana péndék

roupa de treino
orang raga

avental
celemék

luvas
sarung tangan

vestuário - acuk

botão
kancing

óculos
kaca soca

pulseira
gelang

colar
kongkorong

anel
ali

brinco
giwang

boné
topi

cabide
gantungan jakét

chapéu
topi

gravata
dasi

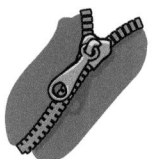

zíper
risléting

capacete
hélem

suspensórios
tali salémpang

uniforme escolar
saragam sakola

uniforme
saragam

vestuário - acuk

babador
apron orok

chupeta
endot

fralda
popok

escritório
kantor

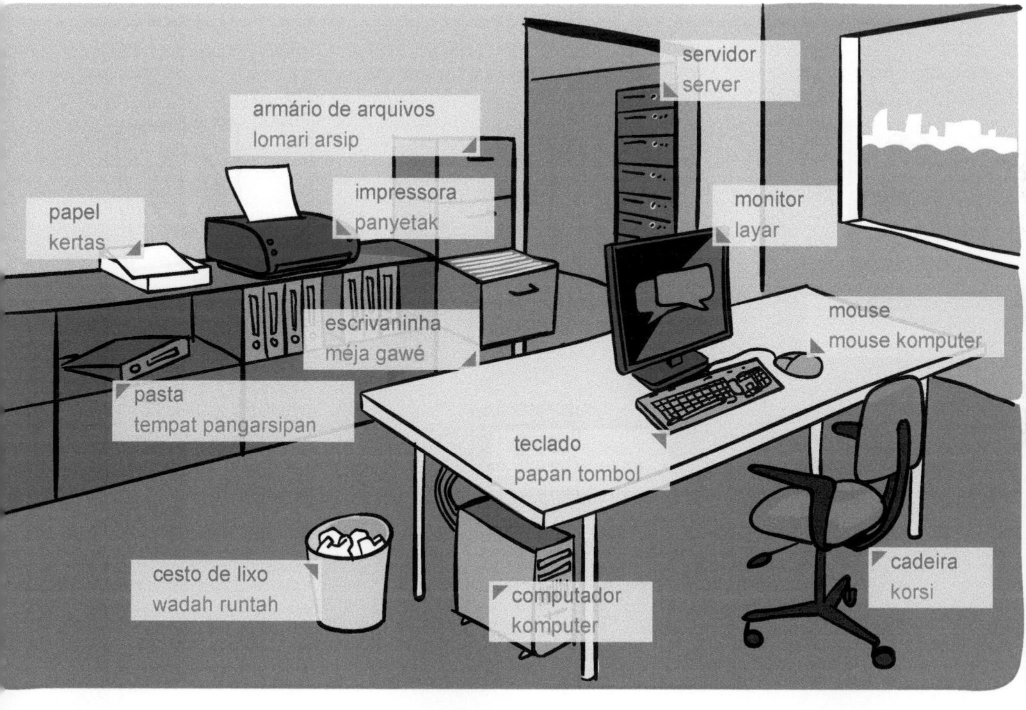

- servidor / server
- armário de arquivos / lomari arsip
- impressora / panyetak
- monitor / layar
- papel / kertas
- mouse / mouse komputer
- escrivaninha / méja gawé
- pasta / tempat pangarsipan
- teclado / papan tombol
- cesto de lixo / wadah runtah
- cadeira / korsi
- computador / komputer

xícara de café
cangkir kopi

calculadora
kalkulator

internet
internét

escritório - kantor

laptop
laptop

carta
surat

mensagem
pesen

celular
telpon sélulér

rede
jaringan

copiadora
fotokopi

software
software

telefone
telpon

tomada
plug sokét

fax
mesin fax

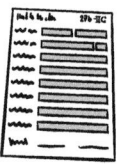
formulário
formulir

documento
dokumén

escritório - kantor

economia
ékonomi

comprar
mésér

pagar
mayar

negociar
dagang

dinheiro
artos

Dólar
dollar

Euro
euro

Yen
yen

rublo
rubel

franco suíço
Franc swiss

renminbi yuan
renminbi yuan

rupia
rupiah

caixa eletrônico
ATM

casa de câmbio
kantor pertukaran mata uang

ouro
emas

prata
pérak

petróleo
minyak

energia
énérgi

preço
harga

contrato
kontrak

imposto
pajak

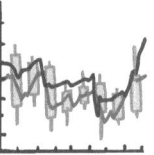

ação
saham

trabalhar
gawé

empregado
karyawan

empregador
dunungan

fábrica
pabril

loja
toko

economia - ékonomi

profissões
pagawéan

policial
petugas pulisi

bombeiro
pemadam kebakaran

cozinheiro
koki

médico
dokter

piloto
pilot

jardineiro
tukan kebon

marceneiro
tukang kai

costureira
tukang jait awéwé

juiz
hakim

químico
ahli kimia

ator
aktor

profissões - pagawéan

motorista de ônibus
sopir beus

motorista de táxi
sopir taksi

pescador
nalayan

faxineira
pembantu

telhador
tukang hateup

garçom
badega

caçador
tukang muru

pintor
pelukis

padeiro
tukang roti

eletricista
tukang listrik

construtor
tukang bangun

engenheiro
insinyur

açougueiro
tukang daging

encanador
tukang pipa

carteiro
tukang pos

profissões - pagawéan

soldado
tentara

arquiteto
arsiték

caixa
kasir

florista
tukang kembang

cabelereiro
tukang salon

condutor
konduktor

mecânico
tukang méngkél

capitão
kaptén

dentista
dokter gigi

cientista
ilmuwan

rabino
rabbi

imam
imam

monge
biarawan

pastor
pendéta

profissões - pagawéan

ferramentas
alat

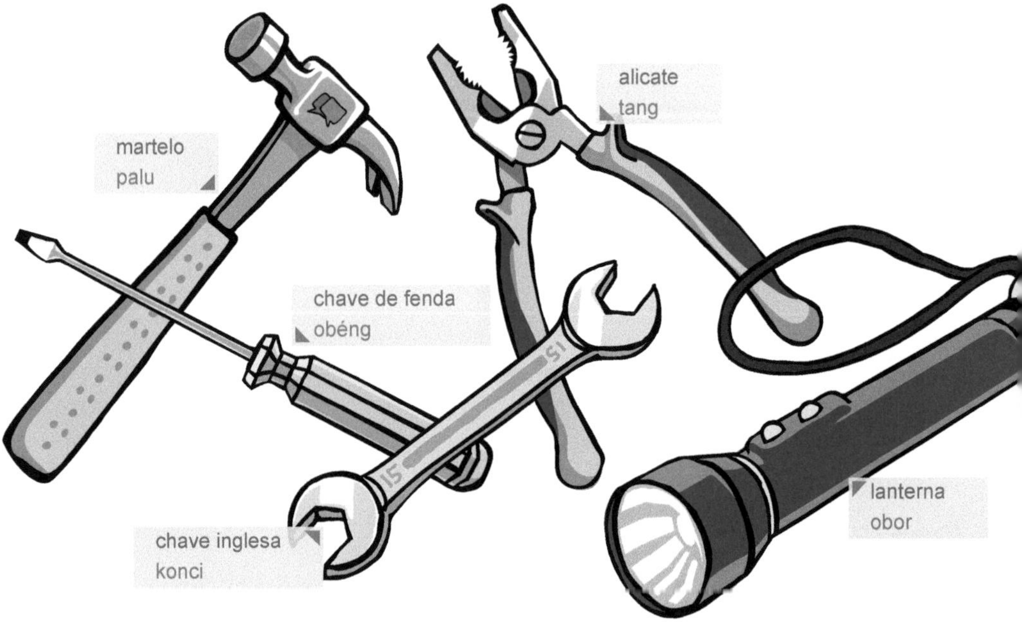

martelo / palu

alicate / tang

chave de fenda / obéng

chave inglesa / konci

lanterna / obor

escavadora
panggali

caixa de ferramentas
kantong parkakas

escada de mão
tangga

serra
ragaji

pregos
paku

furadeira
bor

consertar
ngabenerkeun

pá
sekop

Droga!
Kéhéd!

pá de lixo
pengki

pote de tinta
pot cét

parafusos
sekrup bor

instrumentos musicais
alat musik

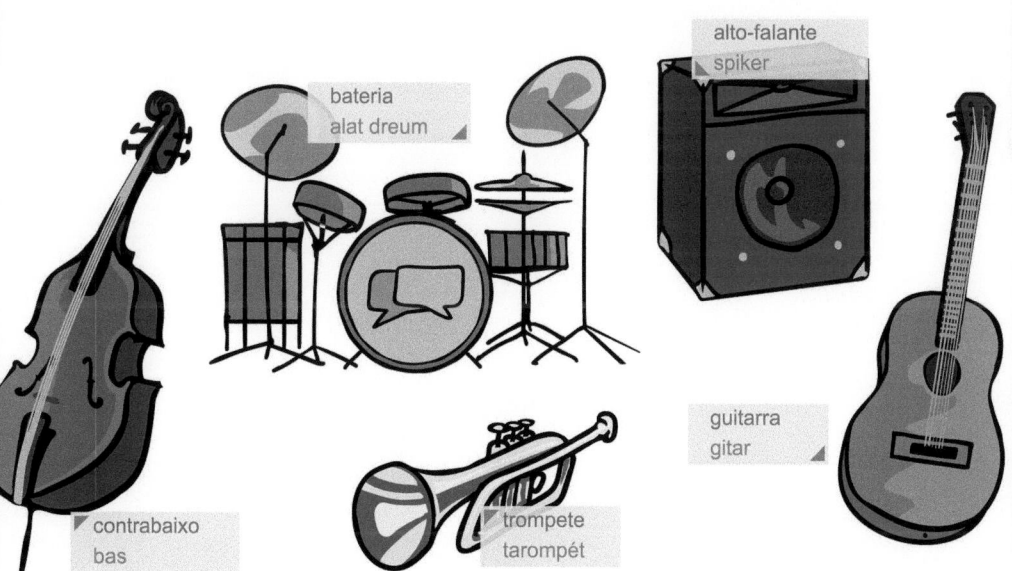

- bateria / alat dreum
- alto-falante / spiker
- contrabaixo / bas
- trompete / tarompét
- guitarra / gitar

piano — piano
violino — violin
baixo — bas

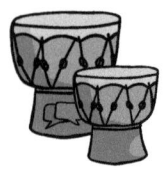

timbales — tambur
tambor — dreum
teclado — keyboard

saxofone — saksofon
flauta — suling
microfone — mikrofon

instrumentos musicais - alat musik

zoológico
kebon binatang

- tigre / maung
- gaiola / kandang
- zebra / sebra
- ração animal / parab
- entrada / panto asup
- panda / panda

animais
sato

elefante
gajah

canguru
kanguru

rinoceronte
badak

gorila
gorila

urso
biruang

zoológico - kebon binatang

camelo
onta

avestruz
manuk onta

leão
singa

macaco
monyét

flamingo
flamingo

papagaio
manuk béo

urso polar
biruanq polar

pinguim
penquin

tubarão
hiu

pavão
merak

cobra
oray

crocodilo
buaya

guarda do zoológico
tukang jaga kebon binatang

foca
anjing laut

jaguar
jaguar

zoológico - kebon binatang

pônei	leopardo	hipopótamo
kuda poni	macan tutul	kuda nil

girafa	águia	javali
jerapah	heulang	bagong

peixe	tartaruga	morsa
lauk	kuya	anjing laut

raposa	gazela
robah	kijang

zoológico - kebon binatang

esportes
olahraga

futebol americano / sepak bola Amérika
ciclismo / sasapédahan
tênis / ténis
basquete / baskét
natação / renang
boxe / tinju
hóquei no gelo / hoki és

futebol / sépak bola
badminton / badminton
atletismo / atletik

handebol / bola tangan
esqui / ski
polo / polo

esportes - olahraga

atividades
aktivitas

pular
gaganjleng

abraçar
nangkeup

rir
seuri

andar
leumpang

cantar
nyanyi

rezar
ngadoa

beijar
nyium

sonhar
ngimpén

escrever

nyerat / nulis

desenhar

ngalukis

mostrar

ningalikeun

empurrar

ngadorong

dar

méré

tomar

mawa

ter boga	fazer ngalakukeun	ser nya éta

ficar de pé tatih	correr lumpat	puxar narik

jogar malédog	cair ragrag	deitar saré

esperar nungguan	carregar nyandak	sentar diuk

vestir anggé acuk	dormir saré	despertar hudang

 olhar para ningali	 chorar méwék	 acariciar ngusapan
 pentear nyisir	 falar nyarita	 entender ngarti
 perguntar naros	 ouvir ngadéngé	 beber nginum
 comer dahar	 arrumar bébérés	 amar bogoh
 cozinhar masak	 dirigir nyetir	 voar hiber

atividades - aktivitas

velejar
balayar

calcular
ngitung

ler
maca

aprender
diajar

trabalhar
gawé

casar
kawin

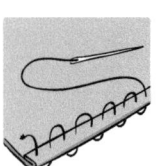
costurar
ngajait

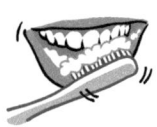
escovar os dentes
sikat huntu

matar
maéhan

fumar
ngarokok

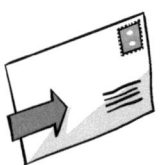
enviar
ngirim

família
kulawarga

avó
nini

avô
aki

pai
bapak

mãe
emak

bebê
orok

filha
budak awéwé

filho
budak lalaki

convidado
tamu

tia
bibi

tio
emang

irmão
aa

irmã
tétéh

corpo
awak

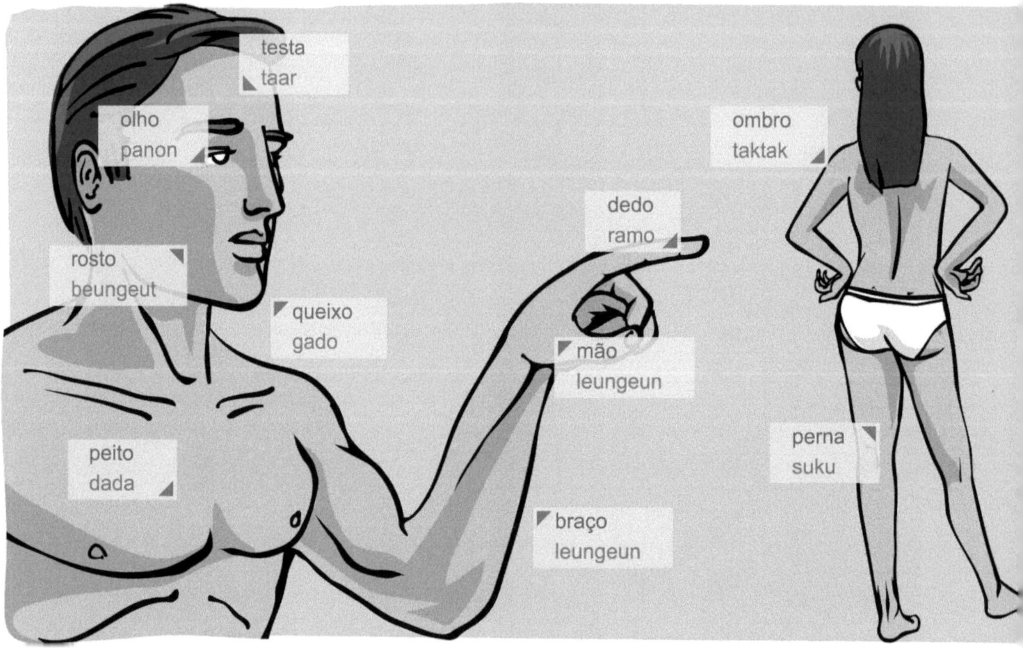

- testa / taar
- olho / panon
- ombro / taktak
- dedo / ramo
- rosto / beungeut
- queixo / gado
- mão / leungeun
- peito / dada
- perna / suku
- braço / leungeun

bebê
orok

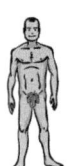

homem
lalaki

mulher
awéwé

menina
awéwé

menino
lalaki

cabeça
sirah

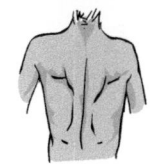
costas
tonggong

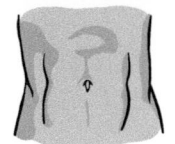
barriga
beuteung

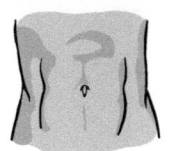
umbigo
bujal

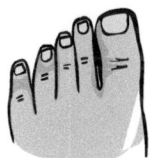
dedo do pé
jempol

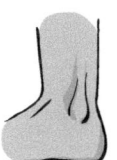
calcanhar
keuneung

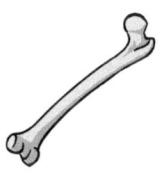
osso
tulang

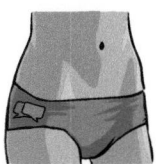
anca
cangkéng

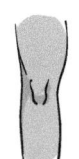
joelho
tuur

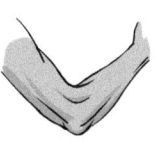
cotovelo
sikut

nariz
irung

nádegas
bujur

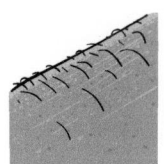
pele
kulit

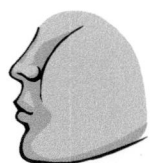
bochecha
pipi

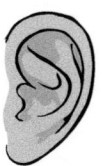
orelha
ceuli

lábio
biwir

boca
baham

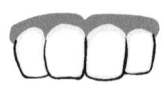
dente
huntu

língua
létah

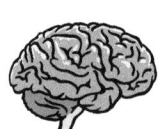
cérebro
uteuk

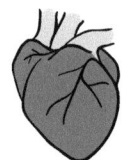
coração
haté

músculo
otot

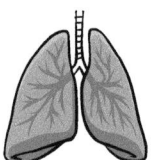
pulmão
bayah

fígado
ati

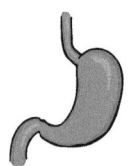
estômago
lambung

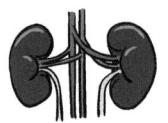
rins
ginjal

relações sexuais
sapatemon

preservativo
kondom

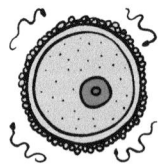
óvulo
sél telur

esperma
spérma

gravidez
kakandungan

corpo - awak

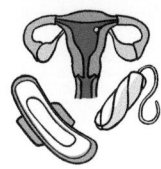
menstruação
haid

vagina
heunceut

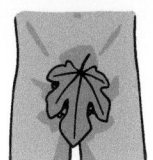
pênis
sirit

sobrancelha
halis

cabelo
buuk

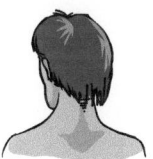
pescoço
beuheung

hospital
rumah sakit

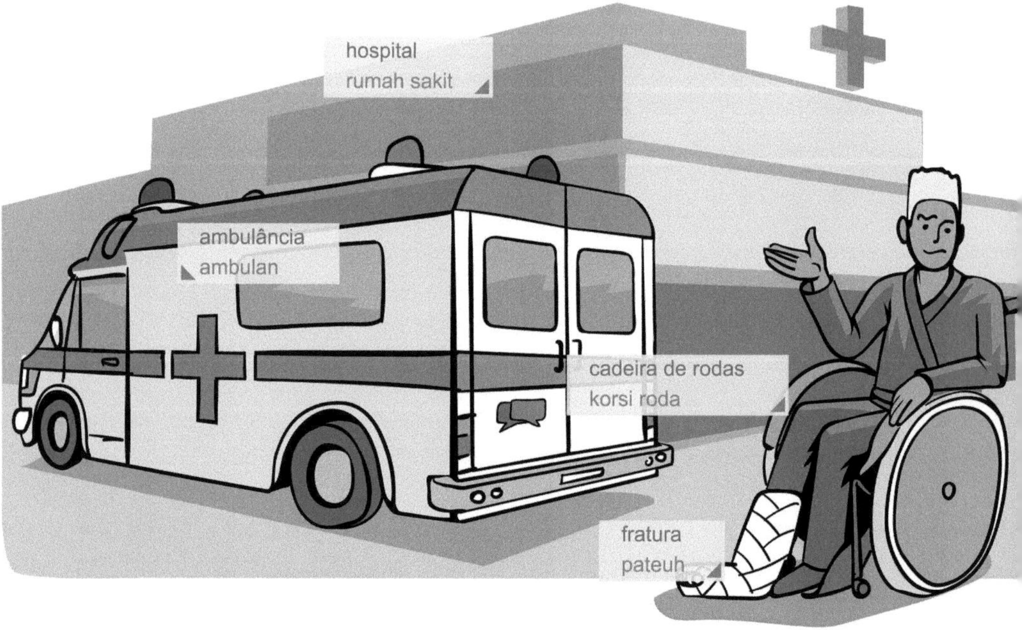

hospital / rumah sakit

ambulância / ambulan

cadeira de rodas / korsi roda

fratura / pateuh

médico
dokter

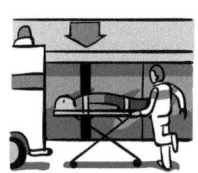

pronto-socorro
rohang darurat

enfermeira
parawat

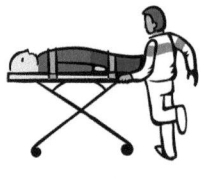

emergência
darurat

inconsciente
pingsan

dor
nyeri

ferimento
tatu

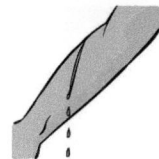
hemorragia
ngaluarkeun getih

ataque cardíaco
jantungan

acidente vacular cerebral
strok

alergia
alérgi

tosse
batuk

febre
muriang

gripe
salésma

diarreia
birit

dor de cabeça
rieut

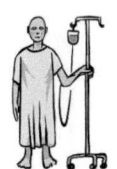
câncer
kanker

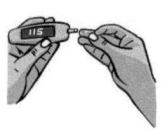
diabetes
diabétés

cirurgião
ahli bedah

bisturi
péso bedah

operação
operasi

hospital - rumah sakit

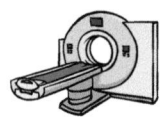
CT
CT

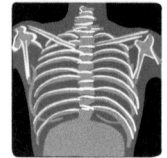
raio x
sinar x

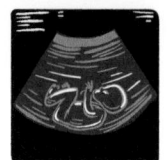
ultrassom
usg

máscara
topéng

doença
panyakit

sala de espera
rohang tunggu

muleta
pangrojong

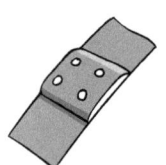
bandeide
paléotór

ligadura
perban

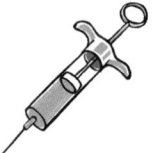
injeção
injéksi

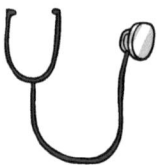
estetoscópio
stétoskop

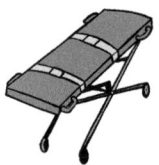
maca
tandu

termômetro
termométer klinis

nascimento
kalahiran

excesso de peso
obésitas

hospital - rumah sakit

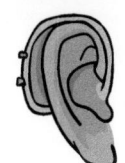
aparelho auditivo
alat bantu dédéngéan

desinfetante
désinféktan

infecção
inféksi

vírus
virus

HIV / AIDS
HIV / AIDS

medicamento
obat

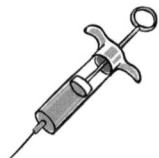
vacinação
vaksinasi

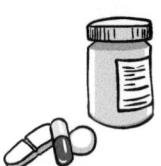
comprimidos
tablét

pílula
pil

chamada de emergência
panggilan darurat

dispositivo de medição de pressão arterial
ngukur ténsi

doente / saudável
gering / séhat

hospital - rumah sakit

emergência
darurat

Socorro!
Tulung!

alarme
alarem

assalto
gangguan

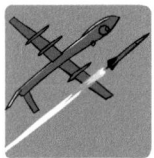

ataque
narajang

perigo
bahaya

saída de emergência
panto darurat

Fogo!
Seuneu!

extintor de incêndios
alat pemadam kabakaran

acidente
kacilakaan

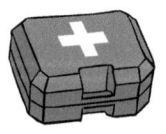

maleta de primeiros socorros
kotak P3K

SOS
SOS

polícia
pulisi

emergência - darurat

Terra
Bumi

Europa
Eropa

América do Norte
Amérika Utara

América do Sul
Amérika Selatan

África
Afrika

Ásia
Asia

Austrália
Australi

Atlântico
Atlantik

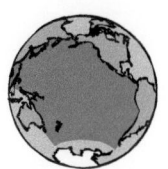

Pacífico
Pasifik

Oceano Índico
Samudra Hindia

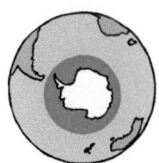

Oceano Antártico
Samudra Antartika

Oceano Ártico
Samudra Arktik

Polo Norte
Kutub Utara

Polo Sul	Antártica	Terra
Kutub Selatan	Antartika	Bumi

  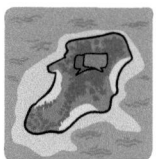

terra	mar	ilha
tanah	laut	pulau

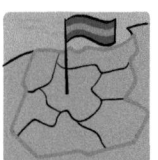 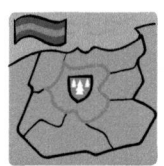

nação	estado
bangsa	nagara

relógio
jam

mostrador do relógio
jam wajah

ponteiro das horas
jarum péndék

ponteiro dos minutos
jarum menit

ponteiro dos segundos
jarum detik

Que horas são?
Tabuh sabaraha?

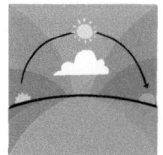
dia
poé

tempo
waktos

agora
ayeuna

relógio digital
jam digital

minuto
menit

hora
jam

semana
minggu

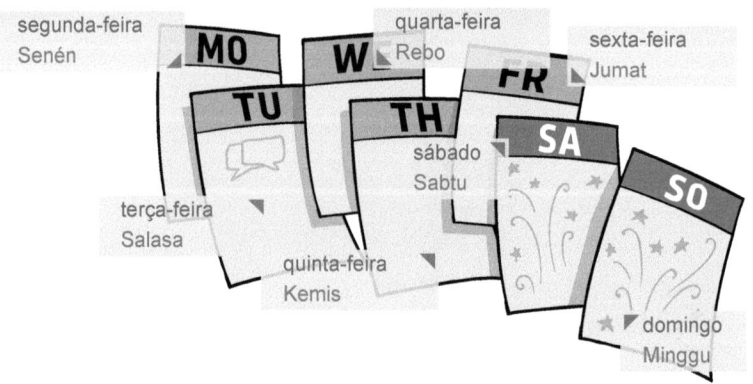

segunda-feira
Senén

terça-feira
Salasa

quarta-feira
Rebo

quinta-feira
Kemis

sexta-feira
Jumat

sábado
Sabtu

domingo
Minggu

ontem
kamari

hoje
dinten ayeuna

amanhã
énjing

manhã
énjing-énjing / isuk-isuk

meio-dia
siang

entardecer
peuting

dias úteis
poé gawé

fim de semana
akhir minggu

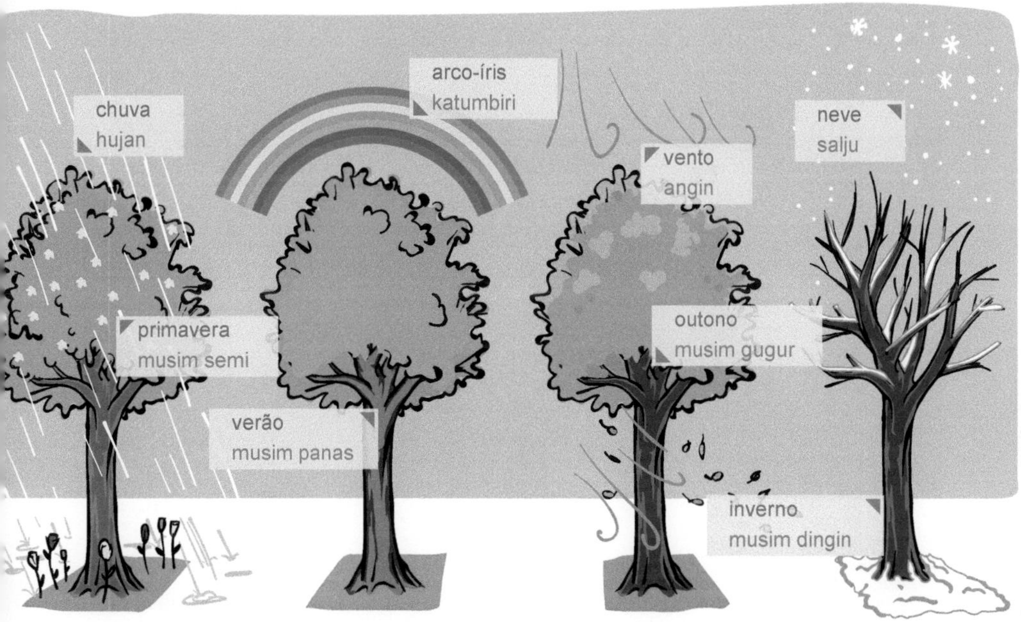

ano
taun

chuva / hujan

arco-íris / katumbiri

vento / angin

neve / salju

primavera / musim semi

verão / musim panas

outono / musim gugur

inverno / musim dingin

previsão do tempo
ramalan cuaca

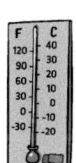

termômetro
térmométer

raio de sol
panon poé

nuvem
awan

neblina / nevoeiro
pepedut

umidade do ar
kelembaban

relâmpago
gelap

trovão
guntur

tempestade
badai

granizo
hujan és

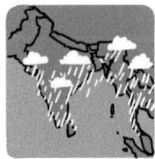

monção
angin muson

inundação
caah

gelo
és

janeiro
Januari

fevereiro
Pébruari

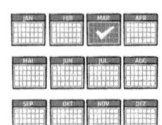

março
Maret

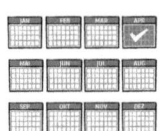

abril
April

maio
Mei

junho
Juni

julho
Juli

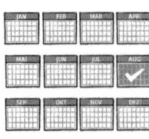

agosto
Agustus

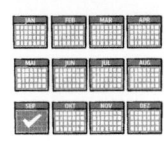
setembro
Séptémber

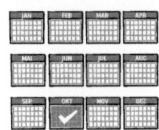
outubro
Oktober

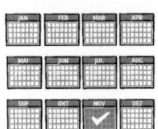
novembro
Nopémber

dezembro
Désémber

formas
bentuk

círculo
buleudan

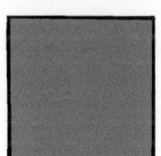
quadrado
persegi

retângulo
persegi panjang

triângulo
segi tiga

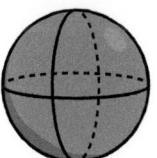
esfera
bola

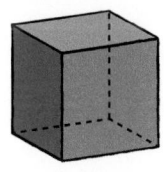
cubo
kubus

formas - bentuk

cores
warna-warna

branco
bodas

amarelo
konéng

laranja
oranyeu

rosa
kayas

vermelho
beureum

lilás
bungur

azul
bulao

verde
héjo

marrom
coklat

cinza
abu-abu

preto
hideung

opostos
sabalikna

muito / pouco

loba / saeutik

furioso / tranquilo

ambek / kalem

lindo / feio

geulis / goreng

começo / fim

ngamimitian / réngsé

grande / pequeno

gedé / leutik

claro / escuro

caang / poék

irmão / irmã

dulur lalaki / dulur awéwé

limpo / sujo

bersih / kotor

completo / incompleto

lengkep / teu lengkep

dia / noite

poé / peuting

morto / vivo

paéh / hirup

largo / estreito

lega / heureut

comestível / não comestível

bisa didahar / teu bisa didahar

mau / gentil

jahat / bageur

entusiasmado / entediado

sumanget / bosen

gordo / magro

badag / begang

primeiro / último

kahiji / terakhir

amigo / inimigo

baturan / musuh

cheio / vazio

pinuh / kosong

duro / macio

heuras / lemes

pesado / leve

beurat / hampang

fome / sede

kalaparan / haus

doente / saudável

gering / séhat

ilegal / legal

ilegal / legal

inteligente / idiota

calakan / bodo

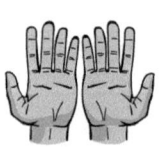

esquerda / direita

kénca / katuhu

perto / longe

deukeut / jauh

opostos - sabalikna

novo / usado
anyar / urut

nada / alguma coisa
euweuh nanaon / aya nanaon

velho / jovem
kolot / ngora

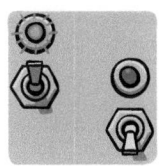

ligado / desligado
hurung / pareum

aberto / fechado
buka / tutup

baixo / alto
jempé / gandéng

rico / pobre
beunghar / sangsara

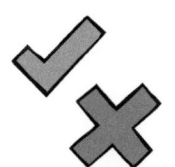

certo / errado
bener / salah

áspero / liso
kasar / lemes

triste / feliz
sedih / gumbira

curto / longo
pendék / panjang

lento / rápido
alon / gancang

molhado / seco
baseuh / garing

ameno / fresco
haneut / tiis

guerra / paz
perang / damai

números
angka-angka

0
zero
nol

1
um
hiji

2
dois
dua

3
três
tilu

4
quatro
opat

5
cinco
lima

6
seis
genep

7
sete
tujuh

8
oito
dalapan

9
nove
salapan

10
dez
sapuluh

11
onze
sawelas

12

doze
duawelas

13

treze
tiluwelah

14

quatorze
opatwelas

15

quinze
limawelas

16

dezesseis
genepwelas

17

dezessete
tujuhwelas

18

dezoito
dalapanwelas

19

dezenove
salapanwelas

20

vinte
duapuluh

100

cem
saratus

1.000

mil
sarébu

1.000.000

milhão
sajuta

números - angka-angka

idiomas
basa-basa

inglês
Inggris

inglês americano
basa Inggris Amerika

chinês mandarim
basa Cina Mandarin

hindi
basa Hindi

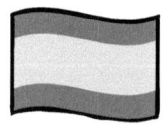

espanhol
basa Spanyol

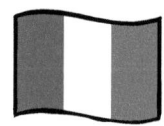

francês
basa Perancis

árabe
basa Arab

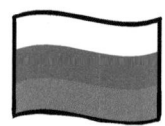

russo
basa Rusia

português
basa Portugis

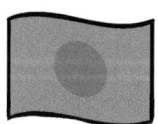

bengalês
basa Bengal

alemão
basa Jerman

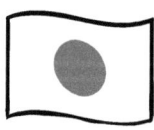

japonês
basa Jepang

quem / o quê / como
saha / naon / kumaha

eu
urang

você
manéh

ele / ela
anjeunna / manéhna

nós
arurang

vocês
maranéh

eles / elas
aranjeunna / maranéhna

quem?
saha?

O quê?
naon?

como?
kumaha?

onde?
di mana?

Quando?
iraha?

nome
wasta / ngaran

onde
di mana

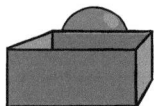

atrás
di tukang

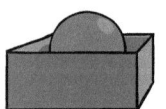

em
di

na frente de
di hareup

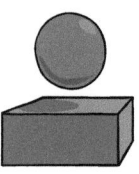

sobre
di luhureun

em cima
di luhur

debaixo
di handapeun

do lado
di gigir

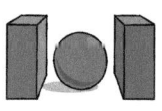

entre
antawis

lugar
tempat